AF450432

Les Foires d'Orval

HENRY DE LAGUÉRENNE

Les Foires d'Orval

Edouard **CHAMPION**

5, *Quai Malaquais*, 5

PARIS

Auguste **PIVOTEAU**

Place Mutin

ST-AMAND-MONTROND (Cher)

DU MÊME AUTEUR

Simple Croquis de Montluçon au bon vieux temps. —
L. GRÉGOIRE, 2, rue François-Péron, Moulins (Allier) ;
Jean SCHEMIT, 52, rue Laffite, Paris ; *1 volume.*

*Notes et Souvenirs relatifs à l'ancien Couvent des
Ursulines de Montluçon, 1643-1909.* — Honoré
CHAMPION, 5, quai Malaquais, Paris ; *1 volume.*

Ainay-le-Château en Bourbonnais. — L. GRÉGOIRE, 2,
rue François-Péron, Moulins ; Honoré CHAMPION,
5, quai Malaquais, Paris ; *2 volumes.*

Godin des Odonais, explorateur, 1713-1792. —
Honoré CHAMPION, 5, quai Malaquais, Paris ; Auguste
PIVOTEAU, Place Mutin, St-Amand ; *1 volume.*

Montluçon pendant la Terreur. — F. HERBIN et
H. BOUCHÉ, Avenue de la Gare, Montluçon ; *1 volume.*

*Pourquoi Montluçon n'est pas chef-lieu de départe-
ment.* — L. GRÉGOIRE, 2, rue-François-Péron, Moulins ; PROT et DÉCHET, 48, Boulevard de Courtais,
Montluçon ; *1 volume.*

Au Pays Saint-Amandois. — Edouard CHAMPION, 5, quai
Malaquais, Paris ; Aug. PIVOTEAU, Place Mutin,
St-Amand ; *1 volume.*

A LA MÉMOIRE DE MON BISAÏEUL

Cl. Adolphe DUBREUIL

Chevalier de la Légion d'Honneur
Maire de St-Amand (1848-1863)

I

Saint-Amand — a écrit en 1836 Mr Labouvrie (1),
— « était autrefois un simple emplacement
où se tenaient les foires d'Orval ».

Cette assertion de l'auteur lui a été inspirée par la
lecture de l'*Histoire du Berry*. La Thaumassière, au
chapitre 36 du livre IX (2), déclare : « Dans tous les
anciens titres jusqu'en 1400, il n'est fait aucune men-
tion de la ville de Saint-Amand, parce qu'elle n'étoit
pas encore bâtie ; et en effet ce n'étoit alors qu'une
place où se tenoient les foires d'Orval et où on avoit
bâty quelques maisons, boutiques et échopes pour
la commodité des marchands ».

M. Charles-Martin Rousselet qui, sous le pseudo-
nyme de Pierre Vermond, publiait en 1830 ses *Chroniques Populaires du Berry*, rapporte mot à mot le
récit de la Thaumassière, en ajoutant toutefois :
«... La ville d'Orval ayant été prise et brûlée par les
Anglais, le connétable d'Albret fut obligé de loger les
habitants dans la Place du Marché qui commença
ainsi à se bâtir et à se peupler..... » (3). Aussi, continue le même auteur, « la ville de Saint-Amand elle-
même se réduisait à une place spacieuse et entourée

---

(1) *Relation de l'ordre de la triomphante et magnifique
monstre du mystère des saints actes des Apostres par Ar-
noul et Simon Gréban* ; p. 264.
(2) P. 142.
(3) Edition de Lecointe et Pougin ; Paris, 1830 ; p. 41.

de petites maisons où se logeaient les marchands qui s'y rendaient de toutes parts. Cette position était défendue à l'ouest par le château de Mont-Rond ; et, à l'est par une autre forteresse dont il ne reste que peu de vestiges et sur l'emplacement de laquelle on a bâti cette portion de la ville que l'on nomme le Vieux-Château ».

Or l'affirmation de MM. Labouvrie et Rousselet est manifestement erronée ; mais elle était soutenable à l'époque où écrivaient ces auteurs, car les historiographes de notre pays saint-amandois ignoraient encore alors la découverte du *vidimus* de 1389 (1), relatant les chartes de 1256 et 1292 et, par conséquent, l'existence au xiiie siècle d'une ancienne ville de Saint-Amand-le-Chastel qui, par la suite, prit le nom de Vieux-Château.

Dans cette primitive cité des transactions commerciales s'effectuaient dès le mois de novembre 1266 (2) puisque nous trouvons qu'à cette époque, « *quisque fardellarius qui forum frequentaverit, quatuor denarios* » (3). Qu'il s'agisse d'un marché ou d'une foire qui se serait tenue « sur l'emplacement de la cour de la cure et des maisons adjacentes », il n'en résulte pas moins que chaque portefaix devait payer au seigneur une redevance de quatre deniers pour avoir le droit de fréquenter le « forum » ; mot — dit M. Mallard, — dont nous avons fait « foire » (4).

Trois cents ans plus tard, en juin 1550, c'est en-

---

(1) C'est dans le numéro de l'*Annonciateur du Cher* du 15 janvier 1837 que M. Robertet, maire de notre ville, signale la découverte de cet important document.

(2) M. Mallard, s'appuyant sur des pièces conservées aux Archives du Cher [fonds de Noirlac], donne la date de 1260. [*Histoires des deux villes de St-Amand et du château de Montrond* ; p. 48, note 1].

(3) Archives du Cher : E, 205.

(4) *Op. cit.* ; p. 48, note 2.

core pour la première ville de Saint-Amand qu'on désignait alors sous le nom modeste de bourg du Vieux-Château-Saint-Amand, que Gilbert de Bigny, son seigneur, obtint du roi des Lettres-Patentes portant création de deux foires et d'un marché (1), le lundi de chaque semaine (2). Et, en 1614, Jean de Bigny fit consentir Louis XIII à l'établissement de deux autres foires dans la seigneurie : l'une le lundi de Pâques et l'autre le jour de la Saint-Hubert. Mais le puissant voisin du seigneur du Vieux-Château, Sully, possesseur et seigneur lui-même de la ville de Saint-Amand-sous-Montrond, jugea ces nouvelles créations en faveur de Messire de Bigny, préjudiciables à ses intérêts. Aussi fit-il déclarer par sentence arbitrale de la même année 1614 qu'aucune suite ne serait donnée à la concession royale (3).

C'est qu'en effet, dans la ville de Saint-Amand-sous-Montrond, jeune rivale du Vieux-Château-Saint-Amand, existaient déjà six foires qu'en 1569, Nicolas de Nicolaÿ signalait ainsi :

« En la ville de Sainct-Amand y a chacun an six foyres : la première le lundy de la Chandelleur ; la deuxiesme le lundy après les Brandons ; la troisiesme, le second lundy d'après Pasques ; la quatriesme le lundy avant la Nativité Sainct Jehan-Baptiste ; la cinquiesme le lundy d'après Notre-Dame de septembre appelée la foyre des cercles (4), et la

---

(1) Archives du Cher : E. 203.

(2) Ce marché, prétendait en 1868 un vieux Saint-Amandois, M Sarreau, se tenait rue de la Grenouillère, à l'endroit où cette rue décrit une courbe pour tourner à gauche en se dirigeant vers le pont de la Marmande.

(3) *Générale description du païs et duché de Bourbonnais*, [édition du comte d'Irrisson d'Hérisson ; Desrosiers, Moulins, 1875] ; p. 15.

(4) C'est pour elle que Guillaume de Saint-Cristophe rendit aveu à Madame de Sully « *die mercurii ante Candelosam, an-*

sixiesme et dernière le lundy d'avant la sainct André » (1). Et, ajoutait le géographe ordinaire du roi, « y a marché deux jours la sepmaine, sçavoir le mercredy et le samedy » (2).

On conçoit donc qu'il est impossible d'admettre que Saint-Amand autrefois n'ait été qu'un simple emplacement où se tenaient les foires d'Orval. Mais en tous cas. MM. Labouvrie et Rousselet soulignent l'ancienneté qu'on attribuait voici quelque quatre-vingt-dix ans à l'origine des foires d'Orval.

*
* *

Un compatriote qui vivait à la fin du xviiie siècle et qui remplit pendant la Révolution les fonctions d'officier municipal de notre commune, a laissé des renseignements qui semblent plus précis : « Sous la protection du connétable d'Albret, sire d'Orval, dont le château de Montrond fut vainement assiégé par les Anglais en 1410 (3), — lisons-nous dans le manuscrit de M. Bonnet des Maisons (4), — les habitants d'Orval dont les héritages avaient été dévastés et les maisons détruites, se réfugièrent en la chaume dite Billeron où ils se construisirent des retraites ;

---

no Domini M CCC tricesimo primo ». [Archives du Cher : E, 203].

(1) « Esquelles foyres sainct Jehan et sainct André, continue Nicolay, lesditz sieur et dame ont droict de leyde ».

(2) En 1773, il n'y avait plus qu'un marché par semaine, le mercredi [Archives Communales de St-Amand : II, liasse 26, pièce 52]

(3) Voir La Thaumassière : *Histoire du Berry* ; t. 9, chap. 36. — C'est en 1412 qu'Orval fut pris et brûlé par les Anglais avec qui le connétable d'Albret fut contraint de traiter au mois de novembre. [De Raynal : *Histoire du Berry* : t. II, p. 489. — Chénon : Notice historique sur Châteaumeillant ; p. 93

(4) Le manuscrit de Mᵉ Bonnet des Maisons appartient à Mᵉ Henri Mallard, avocat.

ils se bâtirent même de petites boutiques pour les marchands qui venaient au marché qui se tenait en ce local qui a depuis conservé le nom de foires d'Orval... »

Or, en avril 1431, nos ancêtres ayant passé avec Charles II d'Albret, sire d'Orval, comte de Dreux et de Gaure, un accord dans le but de réaliser « *la fortification et édification du Marchez-Saint-Amand* » qui commençait à se construire en face du *Vieux-Château-de-Saint-Amand*, afin de s'unir à lui par la suite et de réaliser par cette fusion notre gracieuse petite cité de Saint-Amand-Montrond, — nos ancêtres, disons-nous, demandaient dans « l'appointement qui fut pris avec très-hault et très-puissant seigneur Monsieur d'Albret » que fussent « remis les foires et marchés en ladite ville toutes fois et quantes que bon leur semblera et que licite sera » (1). Ce qui indique catégoriquement qu'en 1431, les foires avaient lieu en dehors du Marché-Saint-Amand.

En outre les habitants sollicitaient le sire d'Albret de faire « bastir et édifier une halle de laquelle il prendrait profit » (2). Or cette halle, dit M. Mallard, occupait « ce petit pâté de maisons qui se trouvent entre l'hospice des Capucins et l'ancienne caserne (3) transformée en maison d'école, sur l'alignement du manège » (4).

C'est en vertu du droit de propriété qui fut conféré aux seigneurs de Saint-Amand lors de la construction de cette halle que nous voyons, le 16 sep-

---

(1) Archives Communales de St-Amand : AA ; liasse 1 ; pièce 2 ; ff^{os} 3 v°, et 4.

(2) Archives Communales de St-Amand : AA ; liasse 1 ; pièce 2 ; f° 3 recto.

(3) La caserne du Petit-Montrond, souvent citée dans les titres de nos archives communales.

(4) Mallard : *Op. cit.* ; p. 118, notes 2 et 3.

tembre 1728, M° François Thévenot, bourgeois de Paris, chargé de la procuration de Mlle Louise-Henriette-Gabrielle-Marie-Françoise de Bourbon, novice à l'abbaye de Beaumont-lès-Tours et dame de Saint-Amand, donner pour neuf années à Anthoine Couillard, maître-menuisier de St-Amand, et à Marguerite Guérinat sa femme, « la ferme de la prévosté de cette ville de St-Amand dépendante de cette seigneurie, pour les droits qui se perçoivent tant aux foires que marchez, avec la hâle sittuée au lieu de la Chaume-Billeron..... » Les preneurs étaient « tenus de l'entretien des couvertures de la hâle » qu'ils devaient laisser en fin de bail en « bon et décent état ». Le prix annuel du fermage, tant pour le prévôté que pour la halle était de cinq cent soixante livres (1).

Quelque trente-huit ans plus tard, le 11 novembre 1764, Maître Simon-Marie Jacquand, au nom de Mgr. le comte de la Marche, affermait à Pierre Couillard, menuisier à St-Amand lui aussi, la prévôté de la ville avec les mêmes droits (2).

---

(1) Archives Communales de St-Amand : II ; liasse 24, pièce 19.

(2) Archives Communales de St-Amand : II ; liasse 26, pièce 8.

II

De tout ce qui précède il apparaît comme à peu près certain qu'avant 1431, la foire dite d'Orval était particulière à la seigneurie d'Orval qui, avec les terres de Bruère et d'Epineuil constitua, — d'après La Thaumassière (1) — lors du partage de la baronnie de Charenton, en 1250 ou 1251, la part d'Henri II de Sully. Et les Sully considéraient Orval, à juste titre, comme l'une des plus importantes de leurs possessions, car de nombreux aveux, dénombrements, actes de foi et hommages furent rendus aux seigneurs d'Orval, dont les titres existent encore de nos jours aux archives déparmentales du Cher (2).

Et c'est à Orval que le « mécredy après la huictaine de la Chandeleur (3) » 1321, fut passé l'acte reconnaissant la remise de Marguerite de Bourbon, fille du duc Louis Ier et de Marguerite de Hainaut, entre les mains de Henri IV de Sully et de Jeanne de Vendôme sa femme. Ceux-ci devaient recevoir la jeune princesse qui était fiancée à leur fils, Jean de Sully, et l'élever jusqu'au mariage qui n'eut lieu que vers 1334.

Jean de Sully et Marguerite de Bourbon eurent

---

(1) *Hist. du Berry* ; livre 9 ; chapitres 31 et 36.
(2) Voir Archives du Cher : E ; 172, 173, 176.
(3) La Thaumassière : *Op. cit.* ; liasse 6 ; chapitre 59.

pour fils Louis de Sully qui, en 1365, rendait lui-même aveu au duc de Bourbonnais, seigneur d'Ainay-le-Château et Hérisson, pour la terre d'Epineuil, les châtellenies d'Orval et de Bruère-sur-Cher, la motte et le château de « Montraon » (1).

Il faut reconnaître que le château d'Orval, bien qu'il portât le nom de la sirerie (2) principale des d'Albret, n'était pas comparable à celui de Montrond. Lorsqu'il fut vendu par Charles de Gonzague de Clèves, duc de Nevers, au duc de Sully en 1606, on le disait « situé sur une petite mothe en partie ronde, circuie de petits méchants fossés en un tiers d'icelle et sans aucuns fossés des deux autres, où il ne reste plus que de vieilles ruines et masures du tout inutile... » (3). Et dans ses *Observations* l'abbé Jean-Thomas Hérault (4) rapporte que « selon la tradition le château d'Orval était un assez considérable fort, c'est à-dire fait matériellement et grossièrement, sans beauté ni aucun goût. » Ses ruines, ajoute-t-il, auraient servi en partie à construire « dans le xive siècle le pont du Cher; » affirmation dont nous ne garantissons nullement l'authenticité.

En revanche, il est très probable que ce sont les Sully qui créèrent une foire dans leur sirerie d'Orval, avant que le mariage de leur descendante Marie de Sully, avec le connétable d'Albret ait fait passer ce fief dans la maison d'Albret. Dans le cours des siècles, par suite de différentes circonstances, la seigneurie vint à changer de mains, mais la foire sub-

---

(1) Archives Nationales P ; rég. 462 ; pp. 40 et 230.

(2) Certains auteurs disent « sirauté ». C'est, lisons-nous dans le *Dictionnaire de Trévoux*, la terre dont la possession ne confère pas d'autre titre que celui de Sire.

(3) Mallard, *Op. cit.*, page 441.

(4) *Histoire du château de Montrond et du pont du Cher ;* manuscrit.

sista sous les différents seigneurs. Et, en 1569, Nicolas de Nicolay dans sa *Générale Description du païs et duché du Bourbonnais* (1), constatait le fait en ces termes :

« En la seigneurie d'Orval y a une foyre appelée la foyre d'Orval qui se tient aux Chaulmes soubz Orval en octobre le lundy et mardy d'après la sainct Luc et y prennent lesdictz sieur et dame (2) droict de leyde, asçavoir que toute personne vendant marchandise quelle quelle soit doibt en ladicte foire d'Orval et en l'une desdictes foires de Sainct-Amand par chacun an, six deniers pour la coustume seullement et quant il a paié à une desdictes foires d'Orval il n'en doibt plus tout le long de l'année, et en ce sont excepté ceux qui vendent es-dictes foires et marchés œufs, fromaiges, poullailles, chevreaux, et beurre qui ne doibvent point de coustume ny de layde, mais sur ceux qui vendent fromage de Cramonne et d'Auvergne, prennent lesdictz sieur et dame six desniers tournois pour ladicte coustume une fois l'an comme dict est, et de chacune personne vendant comme dessus est deub un denier de leyde qui se liève à chacune des dictes foyres d'Orval et aussy de Sainct-Jehan-Baptiste et Sainct-André audict Sainct-Amand... »

Au bon vieux temps, tout comme voici cinquante ans passés, les populations des campagnes et des villes, même éloignées, se rendaient aux foires d'Orval qui jouissaient d'une réputation considérable dans toute la région du centre de la France. Leur date marquait le terme de certaines échéances commerciales, indiquait le début ou la fin de certaines

______

(1) *Op. cit*, page 135.
(2) Le seigneur et la dame d'Orval et Saint-Amand-sous-Montrond.

conventions ou de certains marchés. C'est ainsi qu'en 1684, on peut constater la vente faite à Madeleine de Laporte, veuve de Lachaise, marchand à Bourges, par Pierre Chauvet, marchand-cirier de Saint-Amand-sous-Montrond, de toute la cire faite par lui depuis la mi-mars jusqu'à la foire d'Orval, à raison de 17 sous 6 deniers la livre de cire neuve, et 15 sous celle de seconde cire (1).

On voyait accourir à ces foires, dit M. Mallard (2), des habitants de la Marche, du Nivernais, du Limousin, du Bourbonnais, du Berry et de l'Auvergne, attirés à St-Amand pour le négoce et pour le trafic des bestiaux qui y était énorme, à raison des riches vallées de la contrée.

Peu à peu les baladins y transportèrent leurs tréteaux et y exécutèrent leurs tours ; les colporteurs y apportèrent les marchandises exotiques, soigneusement empaquetées dans de volumineuses balles ; les bateleurs y effectuèrent leurs exercices d'adresse et de jonglerie ; les tenanciers de jeux de hasard y amenèrent leur matériel, après s'être munis toutefois de la permission des autorités locales. Et c'est ainsi que nous pouvons parcourir la requête présentée, en 1727, par Pierre Gombaut, banquier du pays de Troyes, à l'effet d'obtenir l'autorisation d'installer son jeu et ses marchandises pendant les foires d'Orval (3).

Pour abriter tous ces forains, a écrit M. Bonnet de Sarzay (4), « il existait à la Chaume-Billeron une très grande halle avec trois rangs de boutiques, dans

---

(1) Archives du Cher : E, 1934.
(2) *Op. cit.*, page 137.
(3) Archives du Cher : B, 4157.
(4) Manuscrit appartenant à M. Gustave Mallard et cité dans *l'Histoire des Deux Villes de St-Amand et du château de Montrond*, pp. 326-327.

laquelle le jour des foires ordinaires se mettaient les petits mercerets et les marchands de la ville ; et les jours de la foire d'Orval, d'assez gros marchands..... » (1)

C'est cette halle dont nos ancêtres de 1431 avaient demandé la construction au sire d'Albret. On la trouve fréquemment mentionnée dans les vieux actes de nos archives locales. Ainsi le 19 juillet 1741, Mre Louis Villatte, conseiller du Roi et son procureur en la chastellenie de Montluçon, y demeurant paroisse Saint-Pierre, vend à Mre Pierre De Foullenay, ancien conseiller du Roi, maire de la Ville de Saint-Amand, y demeurant paroisse du Vieux-Château, et à M^tr Antoine Collas, échevin, une maison appelée Petit-Montrond qu'habitait à titre de loyer Louis Germain boucher. Dans l'acte on dit que cette maison « joûte du midy partie du plant où se tiennent les foires, de couchant la halle sise à l'autre partie du plant entre-deux, de septentrion autre partie dudit plant et le sellier de Jacques Guyon, et de levant les maison, boutique, grange et sellier de Gavault (2), la veuve Tarrault et du nommé Villatte..... » (3)

----

(1) « Près de cette halle, ajoute M Bonnet de Sarzay, se trouvait un grand bâtiment où se vendait le blé les jours de foire. »

(2) C'est ce Pierre Gavault, marchand-fermier, époux de Marie Boin, qui, le 6 novembre 1781, assistait en l'église d'Orval au mariage de sa petite-fille et pupille, Hélène Damont, fille de défunts Nicolas Damont, tanneur, et Marguerite Gavault ; avec Antoine Gosset, commis à la recette des gabelles, fils de Simon Gosset, conducteur des travaux de Mgr le comte de Fougières, et de feue Geneviève Lecomte. — Il avait eu un fils et d'autres filles mariées à Jean Rétif, Guy Charpentier, Antoine Rastout de Rochemon, et Pierre Jobier. [Reg. par d'Orval].

(3) Archives Communales de St-Amand : II ; liasse 12, pièce 81. — La maison du Petit-Montrond est située en outre

Un document à la rédaction duquel contribuè-
rent, le 20 novembre 1773, quarante-neuf témoins
qui, pour ce, comparurent devant le « notaire-tabel-
lion de la justice d'Orval-Saint-Amand, en présence
de Me Louis Vallet, sieur de Nouant, licencié ès-loix
et procureur-fiscal au baillage d'Orval - Saint -
Amand (1), » nous fixe définitivement sur l'emplacement de la foire d'Orval. Et nous y trouvons également une description minutieuse de la halle pré-
citée.

Cette foire, lisons-nous, se tient « dans un faux-
bourg de ladite ville sur un très grand plan appelé
la Chaume-Billeron, dans lequel plan est construit
une très grande halle sous laquelle il y a vingt arcades de douze pieds chacune, garnies de leurs bans
[*sic*] et rayons, et en outre quarante bans de chacun
six pieds garnis de rayons pour l'utilité des marchands qui viennent y établir leurs marchandises
lesdits jours de foire ; lesquels plan de foire, halle,
arcades, bans et rayons appartiennent à Monsei-
gneur le duc de Charost comme seigneur dudit
Orval-Saint-Amand, et sont entretenus à ses dépens
ainsy que les bans, trétaux, perches, gassots, moduriers, baquets et autres ustencils que les seigneurs
de Saint-Amand fournissent depuis un tems immémorial aux marchands étallant leurs marchandises
aux foires (2), » moyennant certaines redevanccs dé-
terminées fixées depuis des années.

Parfois, néanmoins, des contrats spéciaux modi-

« proche les Capucins, laquelle depuis très longtemps et actuellement sert à cazerner les troupes qui viennent icy en
quartier, laquelle est, à cet effet, très-commode... »

(1) « Demeurant en la ville et paroisse dudit Orval-Saint-
Amand ».

(2) Archives Communales de Saint-Amand : II ; liasse 26,
pièce 52.

fiaient les conditions générales. Il nous est donné de constater par exemple que, le 18 avril 1684, Blaize Duret, fermier de la prévôté de Saint-Amand avait donné à bail pour huit années, à Françoise Michel, veuve de Barthélemy Regnault, demeurant à Ainay-le-Château, « la place pour faire un bant soubs la halle Billeron le jour de toutes les foires, de la longueur de six piedz de large comme les autres, au rang du milieu... ».

La preneuse devait dresser le banc dont le bailleur fournissait le bois. Le bail était consenti « moyennant la somme de quatre livres dix solz par an (1) ».

-----

(1) Archives Communales de Saint-Amand : H ; liasse 14, pièce 19.

III

C'est en vertu de leur titre de propriété sur la halle et par suite de l'accord de 1431, que les seigneurs de Saint-Amand — disaient nos grands-pères le 20 novembre 1773, — sont « en possession de percevoir par leurs fermiers ou préposés, à cause des foires d'Orval qui se tiennent annuellement audit jour d'après la Saint-Luc et qui durent toute la semaine, les droits cy-après :

Article premier. — Tous vendans bled les lundy et mercredy de laditte foire, compris les habitants du Vieux-Château, payent par chacun desdits lundy et mercredy s'ils exposent leurs bleds en vente, soit qu'ils prennent du seigneur un modurier (1) ou non, par droit de plassage pour chacun desdits jours d'exposition de leurs bleds, un sol. Et s'ils prennent gassots (2) du seigneur ils les payent à raison de quatre sols pièce, non compris le droit de plassage.

------

(1) D'après le « Talamus fait par ordre du Conseil pour tout le domaine du Bourbonnais, le 15 mars 1475 », le modurier valait la moitié du boisseau. Mais le poids des différents moduriers et boisseaux a varié souvent au cours des siècles et d'une châtellenie à l'autre. Le modurier de Saint-Amand pesait de 20 à 21 livres [Archives Communales de Saint-Amand : D ; rég. 4 D 1, f° 33 v°.

(2) Espèce de tonneau tenant environ 5 doubles-décalitres dans lequel on versait le blé soumis à l'appréciation de l'acheteur, et que l'on mesurait ensuite au modurier ou au boisseau.

Art. II. — Les habitants de la ville et fauxbourgs dudit St-Amand, non compris les habitants du Vieux-Château, ne payent aucun droit de plassage pour leurs bleds seulement, mais s'ils prennent modurier du seigneur ils payent sol pour chaque vendant bleds. Et si chaque vendant bleds ou l'un d'eux prennent des gassots du seigneur, ils les payent à raison de 4 sols pièce ; le tout par chacun desdits deux jours d'exposition.

Art. III. — Les habitants de la paroisse d'Orval et du hameau de La Groutte ne payent pour vente de leurs denrées et marchandises de quelques espèces qu'elles soient, pour droit de plassage, que moitié des droits de plassage compris au présent. Mais s'ils prennent du seigneur des ustencils ou bans pour l'exposition de leurs dites denrées ou marchandises, alors ils payent comme les autres énoncés au présent ; et ce, sans déduction desdites moitiés du droit de plassage.

Art. IV. — Par chaque sac de chataignes vendu, pour droit de plassage, trois deniers.

Art. V. — Pour chaque charreté de cercles vendue ou non, pour droit de plassage pendant le cours de ladite foire, deux sols six deniers. Pour chaque charge de cheval, pour droit de plassage pendant ledit tems, un sol.

Art. VI. — Pour chaque vendant fromages, pour droit de plassage pendant le tems de ladite foire, un sol.

Art. VII. — Par chaque vendant poissons à chaque jour d'exposition, pour droit de plassage, un sol. Et s'ils prennent des baquets du seigneur, ils les payent pour chaque jour qu'ils s'en servent à raison de quatre sols pièce, non compris ledit droit de plassage.

Art. VIII. — Par chaque vendant ailles, oignons, poireaux, échalottes, navets, raves, choux, sallades et autres menus légumes vendus ou non, par chaque journée d'exposition, pour droit de plassage, un sol.

Art. IX. — Par chaque mercier ou quincaillier étalant sa marchandise hors les halles et sur le plan de foire, pour droit de plassage pendant le cours de ladite foire, un sol. S'il prend un ban du seigneur sans rayons, seulement avec des tréteaux et perches, il le paye y compris le droit de plassage, sçavoir ; pour un ban de six pieds de long, douze sols ; pour un ban de neuf, dix-huit sols ; et ainsy en augmentant à raison de deux sols par pied.

Et s'il prend dudit seigneur un ban à rayon de six pieds de long, il le paye, y compris le droit de plassage, quarante sols ; — et pour un de neuf pieds, soixante sols ; et ainsy en augmentant à proportion, a raison de six sols huit deniers par pied.

Art. X. — Pour chaque charge de cheval ou charrette de poires et de pommes qui s'exposent les lundy et mercredy desdites foires, pour droit de plassage, par chaque journée d'exposition, un sol. Pour chaque port à col (1), pour droit de plassage, six deniers.

Art. XI. — Par chaque vendant sabots, pelles et autres menues marchandises de cette espèce, pour droit de plassage de chaque journée d'exposition, un sol.

Art. XII. — Pour chaque pot de beurre fondu ou mièle [sic] vendu, pour droit de plassage, deux sols six deniers.

---

(1) Pour chaque charge de pommes apportée au cou, à bras.

Art. XIII. — Par chaque marchand-drapier étallant sa marchandise hors lesdites halles et sur le plan de ladite foire, pour droit de plassage pendant le cours d'icelle, un sol ; plus pour le droit d'aulnage (1), sept sols six deniers. Et s'il prend un ban dudit seigneur sur le plan, il paye pour iceluy non compris les droits de plassage et d'aulne, neuf sols.

Art. XIV. — Par chaque marchand d'épiceries, savons, chicorées, sucre, etc.., étallant sa marchandise dehors sur le plan de ladite foire, pour droit de plassage pendant le cours de ladite foire, un sol. Et s'il prend un ban du seigneur il le paye y compris le droit de plassage pour tout le cours de ladite foire, dix sols.

Art. XV. — Par chaque marchand vendant œufs, volailles, gibier, fromages blancs, par chaque jour desdits lundy et mercredy, pour droit de plassage, six deniers.

Art. XVI. — Par chaque vendant fromages d'Auvergne, pain ou gasteau, pour chacune journée d'exposition desdits lundy et mercredy, pour droit de plassage, un sol.

Art. XVII. — Par chaque boucher ou chaircutier exposant chaire [*sic*] sur le plan de ladite foire, une pièce de chaire de la valeur de cinq sols ; et sept sols six deniers d'argent. Et s'il prend un ban du seigneur, il le paye au-pardessus ladite pièce de chaire et argent, à raison de deux sols par planche de six pieds. Et si les planches sont plus longues il paye au prorata.

---

(1) L'aune en usage à St-Amand contenait quarante-quatre pouces deux lignes, et elle se divisait en demi-aune de vingt-deux pouces une ligne. [Archives Communales de St-Amand : D ; registre 4 D 1 ; f°s 33-34].

Art. XVIII. — Par chacun cabaretier vendant vin sur le plan de ladite foire en dehors des maisons particulières et en dehors des maisons et loges tenues à cens du seigneur, un morceau de tribal [ou porc rôti], de valeur de cinq sols, et une pinte de vin (1).

Art. XIX. — Par chacun marchand-poilier, chaudronnier, y compris trois planches et deux tréteaux que le seigneur leur fournit pendant le tems desdites foires ; pour plassage, soit qu'ils se servent desdites planches et tréteaux ou non, sept sols six deniers.

Art. XX. — Par chaque marchand pintier (ou potier d'étain), ainsi que par tous autres marchands de quelques marchandises que ce soit, non désignées au présent, pour droit de plassage sur le plan de ladite foire et en dehors des halles, lorsqu'il ne prend point de ban du seigneur, un sol. Et s'il prend un ban du seigneur il le paye à raison de deux sols par pied si c'est un banc sans rayons ; et si le ban est à rayons, à raison de deux sols huit deniers par pied, ainsy qu'il est exprimé à l'article IX cydevant.

Art. XXI. — Les marchands qui prennent des arcades qui sont sous les halles payent pour chacune desdites arcades qu'ils employent douze livres. S'ils prennent des bans qui sont sous lesdites halles, autres que lesd. arcades, ils payent à raison de dix sols par pied, ainsi que les prix desd. arcades et bans ont été réglés par arrest du Conseil du 11 avril 1769.

---

(1) La pinte de St-Amand pesait deux livres neuf onces et se divisait en chopine et en demi-septier. [Archives Communales de St-Amand : D ; registre 4 D 1 ; f°s 33-34].

Art. XXII. — Par chaque porc ou chèvre vendus, pour droit de plassage, neuf deniers.

Art. XXIII. — Par chaque mouton ou brebis vendus, pour droit de plassage, deux deniers.

Art. XXIV. — Par chaque chef d'omailles ou chevaline vendus ou échangés, pour droit de plassage, un sol » (1).

Telles étaient les redevances qu'à la fin de l'Ancien Régime, payaient, à l'époque des foires d'Orval, nos compatriotes aux seigneurs de Saint-Amand. Le 20 novembre 1773, le procureur-fiscal du bailliage fit constater par l'acte de notoriété dont nous venons de citer un passage, que nos grands-pères certifiaient les avoir payés et vu percevoir ainsi « de tous tems ».

Le fait qu'elles sont énumérées en un paragraphe spécial, différent de celui où sont relatés les « droits de plassage, fourniture et ustancils » perçus dans les autres « six foires particulières » qui se tenaient sur la Chaume Billeron, montre clairement quelle était l'importance des foires d'Orval dans les dernières années de la Monarchie.

La destruction d'Orval, — a écrit en 1830, M. Rousselet (2) — n'avait fait éprouver à ces foires qu'un échec passager. « Quelques circonstances même qu'il est inutile d'indiquer aujourd'hui leur ayant fait prendre un nouvel accroissement, elles devinrent en peu de temps les plus considérables de la province ; mais depuis la révolution de 1789, chaque année les voit successivement diminuer d'importance. On peut même prédire qu'elles fini-

---

(1) Archives communales de St-Amand : 11 ; liasse 26, pièce 53.

(2) *Op. cit.* ; p. 120-121.

ront par tomber tout à fait car, grâce à la facilité des communications et aux développements du commerce du détail, il est facile de trouver à chaque instant du jour et à bas prix, ce qu'on ne pouvait jadis se procurer qu'à grands frais et à des époques éloignées ».

IV

MALHEUREUSEMENT pour notre ville la prédiction de M. Charles-Martin Rousselet s'est, hélas ! réalisée ; mais notre compatriote semble un peu de parti-pris en ayant l'air d'imputer cette décadence des foires d'Orval à la Révolution de 1789.

La Révolution, à son début tout au moins, ne diminua en rien l'importance de nos foires.

Nous pouvons nous en rendre compte en examinant la distribution des places que le 23 octobre 1790, Jean-Charles Josset et Jacques Germain, officiers municipaux assistés de Jean-François Cacadier, commis-secrétaire-greffier, firent entre différents marchands, dans la halle située près du couvent des capucins.

« La première arcade en entrant du côté de Montrond, à droite du côté de la cazerne » fut affectée « à M. Tourangin, marchand de drap de soye à Bourges (1) ». Et comme la halle comprenait vingt arcades et quarante bancs, nombreuses furent les locations. Les marchannds venaient parfois de loin.

Outre le nom de M. Tourangin nous avons relevé

___

(1) Archives Communales de St-Amand : L : liasse 17 L 1 : pièce 2.

en 1790 ceux de MM. Jacquemet, du Châtelet ; Martaut, de Moulins ; Olivier frères, de Meaulne ; Chauvières frères, de Magny-le-Désert (Normandie), tous marchands de toile, mousselines et mouchoirs (1).

Margot, de Dun-le-Roi ; Bouchet, de Montluçon ; Lalande, de Boussac ; Bouchet, de La Châtre ; Pelletier, de Lignières ; Mantin de la Croix, de Bourges, tous marchands de drap de soie.

Baujard, d'Hérisson, marchand d'indiennes et mouchoirs ; Belot et Châlon, de Marceny-sur-Loire, marchands de mousselines et soieries.

Péronny, de Bourges ; Turpin, d'Issoudun ; Desbans, de Bourges ; Richet, de Moulins ; Barron, de Bourges ; Verny, de Clermont ; Hachet, de Bourges ; et Mme Rousseau, de Nevers, tous orfèvres ou bijoutiers.

Mme Prévost, libraire à Bourges : MM. Pérasse, « marchand arquebuzier » à Montluçon ; Dominé, confiseur à Bourges ;

Bénard ; Nouzillac ; Renault ; Bourdaloüe ; David ; Mme Godefroy, tous marchands-bonnetiers à Bourges.

Bressant, marchand de bas de soie à La Charité ; Renault, quincaillier à Bourges ; Jean Chautard ; quincaillier forain ; Coquet, marchand à Moulins.

MMmes Desroys, de St-Amand ; Vve Bouchet, Piécourt, de Bourges ; marchandes à la toilette.

MM. Collas. de St-Amand ; Laurent, de Bourges ; Jacquet, d'Ainay-le-Château, chapeliers.

Camus et Fouquet, tous deux manchonniers à Bourges.

____

(1) Ces mouchoirs étaient toujours carrés, en vertu de Lettres-Patentes données à Versailles le 23 septembre 1784, par lesquelles le Roi avait ordonné que la longueur des mouchoirs qui se fabriqueraient dans le royaume fut égale à leur largeur. [Archives de la Nièvre : B. 23].

On le voit, aux débuts de la Révolution, nos foires d'Orval étaient achalandées ; mais ce fut l'année suivante surtout, qu'une circonstance politique leur donna une solennité inaccoutumée.

Laissons, à ce sujet, la parole aux officiers municipaux de St-Amand :

Le 23 octobre 1791, lisons-nous sur le registre des délibérations de la municipalité, la Contitution dont l'acceptation par le Roi avait été connue à Saint-Amand dès le 17 septembre (1) ; — « la Constitution française a été publiée dans tout son contenu par nous, officiers municipaux soussignés (2), dans tous les carrefours de cette ville et fauxbourgs. Un détachement de la garde nous a accompagnés. Tous les

____

(1) Archives Communales de St-Amand : D ; reg. 4 D 1 ; f° 69 verso. — « Considérant que le refus fait par le Roy d'accepter la Constitution, disaient le 17 septembre 1791 les officiers municipaux, aurait plongé la France entière dans toutes les horreurs des guerres civiles et étrangères en ranimant toutes les factions ennemies ; que son acceptation au contraire éloigne de nous tous ces fléaux, rallie tous les partis à la Constitution et fait espérer à la France de couler des jours heureux et tranquilles qui luy feront oublier les maux qu'entraîne après soi tout changement dans la constitution d'un empire ;

Considérant que ce changement inespéré est une marque évidente de la protection de l'Etre Suprême qui, du haut de son trône céleste a daigné jeter un regard de miséricorde sur un peuple qui veut dorénavant l'adorer dans toute la pureté des premiers siècles, nous avons arrêté que demain, à l'issue des vêpres, il serait chanté un Te Deum en actions de grâces dans l'église paroissiale de cette ville, auquel tous les corps seroient invités ; qu'il seroit fait une décharge par la Garde Nationale au moment qu'on entonneroit le Te Deum et une autre décharge à la fin d'iceluy ; qu'à huit heures précises du soir tous les corps réunis se transporteroient sur la route de Saint-Amand à Montluçon où il seroit allumé un feu de joie en signe de réjouissance publique ; et qu'à l'effet d'inviter tous les corps il leur seroit envoyé une députation ».

(2) Bujon des Brosses, maire ; Germain, Béguin de Porcheresse, Legrand, Bonnet des Maisons, Tabouët, Cacadier secrétaire-greffier.

citoyens ont témoigné la vive satisfaction qu'ils ont éprouvée en entendant cette lecture. A 2 heures 1/2 de relevée, tous les corps se sont assemblés et, précédés et suivis d'un nombreux détachement de gardes-nationales, ils se sont rendus en l'église paroissiale de cette ville où il a été chanté un Te Deum, en suite duquel tous les corps se sont rendus dans le même ordre sur la grande route de cette ville à Montluçon, au son des tambours et musique ordinaires de cette ville. Le feu de joye qui s'y est trouvé préparé a été allumé par les présidents ou chefs des différents corps constitués ; les applaudissements les plus vifs et les cris de : Vive la Constitution ! Vive l'Assemblée Constituante ! Vive l'assemblée administrative ! et Vive le Roy ! se sont succédé rapidement pendant la durée du feu de joye, à la fin duquel tous les corps ont été reconduits par la garde nationale et la municipalité qui l'a été ensuite par ladite garde-nationale. Le soir il y a eu illumination générale. Le concours des étrangers qu'attiroit l'ouverture des foires d'Orval qui devoient avoir lieu le lendemain a contribué à augmenter l'excès de cette fête nationale (1) ».

---

(1) Archives Communales de St-Amand : D ; liasse 4 D 2 ; fᵒˢ 5-6.

V

CEPENDANT la Révolution devait apporter certains changements aux habitudes des fidèles de nos foires d'Orval.

Un arrêté de l'an III prescrivit que toutes les foires de Saint-Amand se tiendraient désormais dans la ville même, rue Contre-Escarpe du midi, embranchement conduisant de cette rue à la route de Montluçon, et route de Montluçon. Mais ces terrains, parfois exigus pour des foires ordinaires, devaient être notoirement insuffisants pour les foires d'Orval.

Aussi le 25 vendémiaire an IV, au cours d'une assemblée du Conseil Général de la commune de Saint-Amand, quelqu'un fit observer que, « le 27 du courant, la foire dite foire d'Orval — ordinairement très considérable, — devant avoir lieu dans cette commune », il était important de prendre toutes mesures nécessaires pour faire placer les bestiaux, maintenir l'ordre et assurer la tranquillité.

Cet état de choses n'avait pas été sans déjà préoccuper les autorités locales, puisque quelques jours au-paravant, le 2 vendémiaire an IV (1), il avait été procédé à la démolition de la partie du mur clôturant le grand cimetière du côté de l'ouest, afin de

____

(1) Mallard : *Op. cit.* ; p. 327.

parquer le bétail sur cet emplacement. — Le grand cimetière — alors interdit, puis désaffecté depuis peu, — s'étendait sur le terrain qui forme aujourd'hui la Place Carrée ; et le mur de l'ouest, qui venait d'être abattu, avait séparé ce terrain de celui qui constitue de nos jours la portion de la rue Nationale longeant le chœur de la chapelle du pensionnat Saint-Joseph.

Le conseil général de la commune, après avoir délibéré, arrêta le 25 vendémiaire :

« ARTICLE PREMIER. — Les bêtes à cornes seront placées sur l'ancien champ de repos ; les chevaux, cochons et autres animaux continuant à être placés sur la grande route de Monluçon » (1).

A cet effet, les citoyens Duchet, souffletier, et Casimir Bord, tous deux officiers municipaux, étaient nommés commissaires pour veiller à l'exécution de cette prescription ; tandis que les citoyens Fouquet des Roches et Claude Mousse, également officiers municipaux, étaient chargés de vérifier les poids et mesures des marchandises étalées.

« ART. II. — Pour maintenir l'ordre pendant le cours de ladite foire, il devait être commandée une garde de 12 hommes », afin de faire de fréquentes patrouilles, à commencer du 27 vendémiaire, midi, jusqu'à la même heure le 29.

La réputation des foires d'Orval, loin de péricliter du fait des changements survenus en France au début de la Révolution, ne faisait donc que s'accroître ; et le nombre des marchands-forains qui venaient en notre ville à cette occasion allait chaque jour en augmentant. Il fallut s'occuper de leur trou-

---

(1) Archives Communales de St-Amand : D ; rég. 4 D 6 ; f° 80 verso.

ver pour s'installer d'autres locaux que les halles de la Chaume-Billeron qui, vendues « vers 1810, furent transformées depuis en granges et habitations » (1).

Dès le 15 mars 1791 les RR. PP. Carmes de Saint-Amand avaient quitté leur couvent (2) qui fut acheté aux enchères le 1er décembre 1791, moyennant le prix de douze mille cent livres (3), par le citoyen Bonnet des Maisons, au nom et comme fondé de pouvoir de la municipalité et du conseil général de la commune de Saint-Amand (4). Dans l'impérieuse nécessité où ils se trouvaient, d'abriter dorénavant dans d'autres locaux les marchands-forains qui étaient venus très-nombreux aux foires d'Orval de 1796 ; sentant d'autre part que les propositions qui avaient été faites à plusieurs reprises en 1791, de transporter l'église paroissiale dans l'église des Carmes, ou d'y ériger une succursale de la paroisse de St-Amand (5), n'étaient point de saison ; les officiers municipaux arrêtèrent qu'à partir du 5 floréal an V (6), et pendant la durée des foires d'Orval, les marchands seraient placés dans cette église.

L'usage se perpétua jusqu'à la fin du XIXe siècle.

---

(1) Mallard : *Op. cit.* ; p. 327.

(2) Archives Communales de St-Amand : D ; reg. 4 D 1 ; ff^{os} 46-47.

(3) Ce prix n'a jamais été payé et deux décrets impériaux des 1er mai 1806 et 9 avril 1811, attribuèrent définitivement à notre ville les bâtiments des Carmes ; à charge d'y loger le tribunal, la justice du paix et le collège, en même temps que la municipalité.

(4) Archives Communales de St-Amand : M ; liasse 1 M 1 ; pièce 14.

(5) Archives Communales de St-Amand : M ; liasse 11 M 1 ; pièces 1, 3 et 6. — D ; reg. 4 D 1 ; f° 62. — Le 17 mars 1793, on y avait déjà procédé au tirage au sort. [D ; reg. 4 D 2 ; ff-a 103-104].

(6) Mallard : Op. cit. ; p. 328.

La municipalité y veillait. C'est pourquoi le 12 août
1833, par exemple, le maire de St-Amand écrivait à
M. Nodot, fermier des places, que — conformément
à l'article 9 du cahier des charges de son adjudica-
tion des gassots — il était tenu d'enlever ses gassots,
boisseaux et sabots quelques jours avant les foires
d'Orval ; et, — conformément à l'article 10, — de
balayer et nettoyer l'église des Carmes, le perron de
ladite église, et de remettre les bancs dans leur état
primitif (1).

Durant leur jeunesse, les gens de notre génération
ont vu encore les étalages des foires d'Orval dressés
« sous la halle et sur le perron des Carmes » devant
les portes entr'ouvertes, qui furent construites au
xvii⁰ pour les religieux saint-amandois par Annet
Meuricet, « meuzier » (2) de notre ville.

Ah ! les halles des Carmes durant les foires d'Orval !...., C'était vraiment alors le paradis des enfants tel qu'Edmond Porée l'a décrit dans ses
vers (3) :

« .... J'en trépigne
Et je voudrais bien être, — ah ! je le dis des fois ! —
A ces fêtes d'Orval que déjà j'entrevois
Comme un beau paradis, en rêve....,....

Les fêtes d'Orval !... Elles sont aujourd'hui bien
déchues de leur ancienne splendeur ; mais c'est encore néanmoins sur l'emplacement de l'ancien
« champ de repos » où dormirent tant de vieux
Saint-Amandois, inhumés, dans les dernières années

---

(1) Archives Communales de St-Amand : D ; rég. 7 D 5 ;
f⁰ 44.

(2) Archives Communales de St-Amand : GG ; liasse 43 ;
pièce 8.

(3) *Les Heures d'Or.*

de la monarchie, « au grand cimetière », devenu de nos jours la Place Carrée ; c'est encore là que les cirques, chevaux de bois, cinématographes, ménageries et loteries sont toujours installés en 1924. Seulement nos enfants n'y prennent plus le plaisir que nous éprouvions alors, ce plaisir délicieux que nous savourions par avance, de longues semaines avant les fêtes désirées. Nous étions moins gâtés que les générations actuelles et, partant, moins blasés sur toutes ces joies qu'a si bien chantées notre poète saint-amandois. Ecoutez-le plutôt :

« Octobre était pour moi l'époque merveilleuse.....
Ces trois mots réunis d'une allure orgueillleuse :
Foires d'Orval ! venaient travailler mon cerveau ;
Je ne voyais que jeux d'un effet tout nouveau,
Ah ! je vivais à peine ! et, lorsque d'aventure,
On annonçait au loin la géante voiture
D'un baladin fameux, — je partais comme un fou,
Au risque bien des fois de me rompre le cou..... »

VI

Mais l'affluence des forains augmentait toujours et l'expérience « prouvait que la halle ne pouvait contenir tous les marchands étrangers » qui se rendaient à St-Amand pour les foires d'Orval, et doublaient le nombre de ceux qui résidaient en cette commune.

Dans ces conditions, le 25 vendémiaire an X, le maire, M. Josset-Vougon prit l'arrêté suivant, applicable à la foire du 3 brumaire :

« Article premier. — Il est fait défense à tous marchands, étrangers ou domiciliés en cette commune, de poser bancs, échoppes, ni faire étalage d'aucunes marchandises dans les rues, places publiques, marchés et carrefours, même devant les boutiques des domiciliés sans avoir préalablement obtenu l'autorisation des maire et adjoints ou commissaire de police, auxquels ils seront tenus de s'adresser à cet effet et qui leur marqueront l'espace sur lequel chacun d'eux pourra étaler, et pour lequel il sera perçu au nom et au profit de la commune la rétribution cy-après :

Art. 2. — Les marchands étrangers seront placés dans la halle et les anciens cloîtres y attenant (1),

____

(1) Il s'agit de l'église des Carmes qui, dès le 1ᵉʳ frimaire an II, servait de halle aux grains. [Archives Communales de St-Amand : S ;liasse 3 S 1, pièce 4].

de préférence aux marchands domiciliés dans cette commune.

Art. 3. — Chaque marchand placé dans la halle payera pendant le cours de la foire du 3 brumaire prochain (1), comme par le passé, un franc par pied de banc, y compris la fourniture des bancs ; à la réserve néanmoins des deux premiers bancs de chaque côté des deux nefs en entrant et de ceux placés en cul de lampe (2) qui continueront à payer un franc cinquante centimes.

Art. 4. — Ceux qui seront placés dans le cloître ou sur le perron payeront cinquante centimes par pied, non compris la fourniture du banc qui restera à leur charge.

Art. 5, — Il sera payé par les marchands qui s'établiront sur la place publique ou autres lieux publics qui leur seront indiqués par les maire, adjoints ou commissaire de police, savoir : — 1° Par les marchands-merciers et toiliers, cinquante centimes par pied, non compris la fourniture du banc qui restera à leur charge (3) ; — 2° Par les marchands de faïences, poteries de caillou, poëliers, marchands de pots de fer et de fonte ; pour la tenue

-----

(1) Foires d'Orval de 1801.

(2) Dans une église lorsqu'un sculpteur faisait à la naissance d'une voûte en arête un encorbellement pour servir de base à un arceau, il faisait un ornement en cul-de lampe.

(3 Par le même arrêté un autre tarif était établi pour les jours de marché et de foire ordinaire. C'est pourquoi le 25 brumaire an X, le commissaire de police Claude Mousse, tout en reconnaissant que les droits avaient été acquittés pendant les foires d'Orval, constatait qu'ils ne l'avaient plus été ensuite aux marchés par certains « marchands merciers et toilliers ». Et devant le refus et la mauvaise foi des délinquants, il faisait saisir une partie des marchandises de cinq d'entre eux. [Archives Communales de Saint-Amand : L ; liasse 17 L 1 ; pièce 9].

des foires d'Orval, soixante centimes par toise carrée ; — 3º Par les marchands de poterie de terre et
sabots, pour la tenue des foires d'Orval, vingt centimes par toise carrée ; — 4º Par les vanniers, quarante centimes par toise carrée ; — 5º Par les marchands cordiers, taillandiers, serruriers, cloutiers,
potiers d'étain, chapeliers ; cinq centimes par pied
de banc pour chaque jour de foire ; — 6º Par les
marchands de chanvre : par ballot de 5 à 10 livres,
deux centimes et demi ou six deniers ; par ballot
de 10 à 20 livres, cinq centimes ou un sol ; et successivement dans les mêmes proportions, pour les
ballots d'un poids supérieur, et pour chaque jour de
foire.

Art. 6. — Il est défendu à tout particulier d'encombrer les rues de quelque manière que ce
soit (1)... »

Cet arrêté fut légèrement modifié et complété le
9 brumaire an XIII par le même maire. « Considérant que la halle servant aux marchands pendant la
tenue des foires dites d'Orval, n'était nullement occupée pendant les autres parties de l'année », Monsieur Josset-Vougon décida qu'à compter du mercredi 16 brumaire, « le marché aux châtaignes tiendrait dorénavant dans la halle ; excepté que pendant la tenue des foires dites d'Orval, ledit marché
tiendrait comme cy devant dans la rue de l'Ecu » (2).

Et si, d'après M. Josset-Vougon, il y eut alors
pour nos grands-pères « nécessité de tirer produit
de tout ce que la loy mettait au pouvoir des administrations locales », parce que les revenus de la

____

(1) Archives Communales de St-Amand : L ; liasse 17 L 1 ;
pièces 7 et 8.

(2) Archives Communales de St-Amand : L ; liasse 17 L 1 ;
pièce 13.

commune étaient insuffisants pour faire face à ses
dépenses, — [on voit des choses semblables même
au xxᵉ siècle, même en notre beau pays saint-aman-
dois] — le « produit des places ou bancs de la halle »
des Carmes durant les foires d'Orval constituait, au
début du xixᵉ siècle, une ressource fort appréciable
pour les édiles. Ainsi le 27 octobre 1807, le maire
certifiait que les droits perçus dans ces conditions
sur les marchands-forains s'élevaient à 814 fr. 50 ;
somme à laquelle il convenait d'ajouter 20 fr. 74 qui
furent payés par « quatre marchandes de pain
d'épice, dont trois avaient été placées à la halle sans
fourniture de bancs ». Du total qui s'élevait ainsi à
835 fr. 24 il y avait lieu de déduire 219 fr. 20 centimes (1) « pour la fourniture et confection des bancs,
y compris deux francs pour un banc fourni à une
des quatre marchandes d'épices ».

Restait comme bénéfice net pour la ville 616 fr. 04
qui furent versés à la caisse du receveur de la commune, Mᵉ Bellon (2).

*
* *

Ce résultat très-appréciable engagea les officiers
municipaux à s'efforcer d'augmenter la prospérité
des foires d'Orval en multipliant, non seulement la
concurrence en augmentant le nombre des boutiques, mais aussi en créant des divertissements et
des attractions susceptibles d'accroître le renom
dont jouissaient ces fêtes dans la région, et d'y attirer un plus grand nombre d'étrangers.

Parmi ces attractions le théâtre tenait le record.

---

(1) Qui furent payés au sieur Jean-Baptiste Barraut, menuisier.

(2) Archives Communales de St-Amand : L ; liasse 17 L 1,
pièce 19.

Nous avons déjà vu (1) que, dès 1785, Saint-Amand avait la réputation de posséder « une salle de comédie (2) plus belle que celle de toutes les autres villes du Berry. Quelle était donc la décoration de cette superbe salle ?

— Nous l'ignorons, mais ce que nous savons c'est que le public était assis sur des bancs (3). C'était relativement confortable pour une petite ville de province. Et il faut croire que le goût du spectacle était vraiment grand, puisqu'en mars 1792 certains particuliers tentèrent de construire un autre théâtre, sur la place du Marché, en utilisant ce qui restait encore debout des murs des anciennes boucheries. La crainte d'incendies fit abandonner ce projet (4).

En tous cas, au cours de la Révolution, la salle de spectacle de la rue du Petit-Vougon qui subsista jusqu'en octobre 1842 (5) fut plusieurs fois utilisée (6).

Le 23 juillet 1792, les sieurs Valmont, Chabli et société, comédiens en tournée à Chatellerault, avaient écrit aux autorités saint-amandoises pour solliciter l'autorisation, qui fut accordée, de venir donner « sur le théâtre de la ville » quelques représentations de tragédies, comédies et opéras, dans le

------

(1) *Au Pays Saint-Amandois* ; page 112.

(2) Archives Communales de St-Amand : FF ; liasse 1, pièce 19, f° 7. — C'était un bâtiment situé rue du Petit-Vougon et qui fait maintenant partie de l'immeuble de Mme Barbarin, née Dessois.

(3) Archives Communales de St-Amand : S ; liasse 3 S 4, pièce 60, f° 1 v°.

(4) Archives Communales de St-Amand : I ; rég. 2 I 1 ; f° 4, v°.

(5) C'est le 13 octobre 1842 que fut inauguré le théâtre actuel, construit par M. Hazé à partir de 1840.

(6) Le 26 mars 1792, lisons-nous dans nos archives locales, la dame veuve Berchon fait savoir qu'elle céderait très-volontiers provisoirement « l'Hôtel de la Comédie » à la Société des Amis de la Constitution. Cette Société y tint séance le 1er avril 1792. [Archives Communales de St-Amand : S ; rég. 3 S 2 ; f° 30].

cours du mois de septembre (1). Une Société Dramatique se constitua ensuite à St-Amand ; et, le 16 ventôse an III, le citoyen Casimir Bord, au nom de cette société, adressait une requête au Conseil Général de la commune pour demander que la Municipalité voulut bien « inviter le public à ne pas se présenter à la salle de spectacle sans billet ». Par la même occasion, le citoyen C. Bord indiquait les titres des comédies dont se composait le répertoire de la Société. C'étaient : « la Femme Jalouse, l'Esprit de contradiction, Baverley, Les Portes Feuilles [*sic*], le Père de Famille, l'Amant auteur et valet, Brutus, La Gageure imprévue, L'Habitant de la Guadeloupe, Les Précieuses Ridicules, Caroline, Heureusement, Guillaume Tell, et l'Oracle (2).

Les débuts de cette société dramatique furent-ils bien rémunérateurs ? — On pourrait en douter. En tous cas il semble qu'il y eut des moments difficiles puisque, le 8 brumaire an III, un des citoyens « composant la société qui se disposait à jouer la comédie en notre commune, demandait à la Société Populaire de Libreval si on ne pourrait pas lui céder quelques livres de bougie ». Et la Société Populaire d'accéder à cette demande jusqu'à concurrence de dix livres de bougie (3).

------

(1) Archives Communales de St-Amand : D ; rég. 4 D 2. f° 52.

(2) Archives Communales de St-Amand : D ; rég. 4 D 6, f° 23.

(3) A cette occasion un des membres de la Société Populaire demanda que « fut mise aux voix la question de savoir si, dans un pays qui a conquis sa liberté, la comédie est utile ou nuisible aux mœurs ». [Archives Communales de St-Amand : S ; liasse 3 S 4, pièce 24, f° 2].

VII

On peut juger par ces renseignements combien le théâtre était en faveur chez nos grands-pères. Les officiers municipaux résolurent, pour attirer le public, de s'assurer le concours d'une troupe dramatique.

Dès 1820, M. Dumaniant « directeur du 15e arrondissement théâtral » s'engageait, après avoir fait approuver son itinéraire par le Directeur Général de la Police et des Théâtres, à conduire tous les ans sa troupe à St-Amand, à l'époque des foires d'Orval. Et, en 1822, la concurrence ayant dû se produire, Dumaniant excipait du « brevet accordé par Son Excellence le Ministre de l'Intérieur », prétendant de ce chef que « sa troupe de comédie » était la seule qui fut autorisée à donner des représentations dans le 15e arrondissement, dont St-Amand faisait partie (1).

En 1825, ce fut le sieur Renaud, « directeur de la troupe ambulante alors à Bourges », que le préfet autorisa à venir en notre cité. Mais l'année suivante, Legrain-Saint-Romain, « directeur du 12e arrondissement théâtral, privilégié par S. E. le ministre de l'Intérieur », prévenait le maire de son intention de

---

(1) Archives Communales de St-Amand ; L ; liasse 17 L 1 ; pièces 23 et 24.

se rendre aux foires d'Orval. Et le maire de lui répondre qu'à « raison de son privilège il pouvait compter sur le théâtre de St-Amand, et devait traiter du loyer de la salle avec les propriétaires ». Trois années durant revint la même troupe (1). Puis Monsieur Alfred Desbordes reprit la tournée des foires d'Orval jusqu'en 1833, où il céda son privilège au sieur Saint-Charles, « directeur breveté du 12ᵉ arrondissement ». Ce dernier annonçait les débuts de sa troupe à St-Amand pour le dimanche 20 octobre 1833, avec *Les Enfants d'Edouard* (2).

Une pareille annonce aurait dû attirer un public nombreux ; car le drame de Casimir Delavigne venait à peine de voir les feux de la rampe à la Comédie Française où Ligier, Menjaud, Joanny, Mlle Mars, Mme Menjaud et Mlle Anaïs recueillirent de nombreux applaudissements. Ce fut un succès parisien. L'esprit de parti s'en mêla, nous dit la Comtesse de Saint-Mars (3) ; et l'histoire toute récente de Mme la duchesse de Berry, l'usurpation de Louis-Philippe fournirent des allusions qui furent saisies et commentées par les Parisiens.

Saint-Charles avait donc tous les motifs de présumer que son appel serait écouté par nos grands-pères pour lesquels l'attrait de la nouveauté se relevait d'un certain piment de scandale.

Du reste tous les spectacles étaient suivis par la société saint-amandoise. Aussi les édiles ne négligeaient aucune occasion pour provoquer soit des réparations au théâtre, soit des modifications aux pro-

----

(1) Archives Communales de St-Amand : L liasse 17 L1 ; pièces 26, 29 et 31.

(2) Archives Communales de St-Amand : L ; liasse 17 L 1 ; pièces 34, 37 et 38.

(3) *Mémoires des Autres*, t. IX ; p. 134.

grammes, soit des améliorations dans la composition de la troupe.

Ainsi le 11 août 1829, le maire faisait répondre au sieur Desbordes : « Vous pouvez vous rendre à St-Amand pour les foires d'Orval prochaines qui commenceront cette année le lundi après la Saint-Luc qui se trouve le 18 octobre prochain. Vous savez sans doute que la salle de spectacle n'appartient point à la ville, mais à différents particuliers avec qui vous aurez à traiter pour la location de cette salle. D'ailleurs vous ferez avec ces derniers comme l'année dernière. Il paroit que la salle de spectacle exigeroit quelques réparations. Je pense qu'il seroit à propos que MM. les propriétaires fussent invités par vous à faire celles qui sont urgentes, d'ici les foires d'Orval.

« L'arrangement que vous aurez à faire avec la ville pour le droit revenant aux pauvres de la commune, sera facile à faire avec M. le Maire. Nous ne serons pas plus exigeants cette année que nous l'avons été en 1828 » (1).

Sans doute les spectateurs de 1833 furent plus exigeants, au point de vue artistique, que ne l'avaient été les édiles de 1829, au point de vue pécuniaire ; car le sieur Saint-Charles, en dépit de la réclame qu'il avait faite pour *Les Enfants d'Edouard*, ne reparut pas à St-Amand. Et, dès le 17 juillet 1834, un nommé Provence, « premier directeur breveté pour la troupe d'opéra du 12ᵉ arrondissement », annonçait de Moulins son intention de se rendre en notre ville pour les foires d'Orval : « Vous serez satisfait, écrivait-il, des spectacles que je vous don-

____

(1) Archives Communales de St-Amand ; L ; liasse 17 L 1 ; pièce 33.

nerai tant en opéras qu'en vaudevilles » (1). Malheureusement pour le sieur Provence, un certain Chapireau, pressenti par les autorités saint-amandoises,
avait écrit au maire, dès le 12 mai :

« Je reçois à l'instant votre aimable missive et je
vous demande pardon de m'être laissé prévenir par
vous. J'avais l'intention de faire un voyage dans
votre ville pour savoir si je ne pourrais pas donner
quelques représentations avant la foire d'Orval, mais
dans le même séjour.

» Si vous étiez assez bon, M. le Maire, pour m'ac-
cuser réception de ma lettre et me dire si je ne pourrais pas rester un mois dans votre ville en y com-
prenant l'époque de la foire, vous m'obligeriez infi-
niment. Vous saurez que j'ai beaucoup de frais, une
troupe très-forte et plus de cent louis à payer par
mois pour les artistes seulement, sans compter les
frais du jour. Enfin vous serez satisfait. Je quitte la
ville de Bourges pour me rendre à Nevers. C'est là
que je vous prierai de me faire tenir votre réponse ;
mais toujours veuillez compter sur moi pour l'époque des foires d'Orval ».

Le maire répondit le 14 mai qu'il donnait son
approbation à la requête du sieur Chapireau ; mais
il exigea qu'un billet de première fut déposé à la
mairie pour chaque représentation » (2).

----

(1) Archives Communales de St-Amand ; L ; liasse 17 L 1 ;
pièce 39.
(2) Archives Communales de St-Amand ; L ; liasse 17 L 1;
pièce 40.

VIII

Nos autorités locales n'eurent pas à s'occuper
seulement de porter au loin la réputation de
nos foires, renommées dans la région, et d'attirer ainsi dans la cité un nombre toujours plus
considérable d'étrangers, dans le but de favoriser
le commerce saint-amandois. Il leur fallut parfois
lutter, au nom de la propreté et de l'hygiène, contre
l'indifférence de nos compatriotes.

Ainsi le 20 octobre 1826, l'adjoint, Mr Luylier,
« considérant la malpropreté des rues de la ville et
l'approche des foires d'Orval », fut obligé de prendre
des mesures de salubrité :

« ARTICLE PREMIER. — Tous les propriétaires ou lo-
cataires, arrêta-t-il, sont tenus de faire balayer au-
devant de leur maison, boutique, jardin et autres
emplacements ;

ART. 2. — Tous lesdits propriétaires ou loca-
taires feront enlever ou enlèveront, aussitôt le ba-
layage fait, toutes les boues ou immondices, de manière à ce que les rues ou emplacements soient pro-
pres.....

. . . .

ART. 4. — Il est défendu aux habitants de rien jeter
par les fenêtres soit de nuit, soit de jour, et de rien

exposer sur les toits ou fenêtres qui puisse blesser les passants en tombant » (1).

Voici quelques prescriptions que les Saint-Amandois du xxᵉ siècle auraient certainement supposé rédigées pour les habitants d'une localité du midi, plutôt que pour notre coquette cité berrichonne. Ce qui nous prouve qu'en un siècle, les habitudes d'hygiène, de propreté et d'ordre se sont développées chez nous parallèlement avec l'agrément, la beauté et le charme d'une petite ville que, de nos jours, Bœdecker qualifie de « riante ». C'est à chaque citoyen en particulier qu'incombe, pour une part, de conserver à notre cité-natale cette réputation qui attire dans nos murs tant d'étrangers désireux de prendre leur retraite et de finir leurs jours au gracieux pays saint-amandois.

Nos grands pères, eux, ne craignaient point de s'adresser directement à leurs édiles pour réclamer les améliorations qu'ils estimaient devoir être profitables à la ville ; et même celles qu'ils pensaient devoir favoriser simplement leur propre quartier. Car la division des deux villes de St-Amand qu'un maire de l'époque révolutionnaire, M. Bujon des Brosses, s'était efforcé de faire disparaître (2) ; cette division subsista longtemps encore et, en 1832, certains habitants de la Place Publique disaient au conseil municipal : « Saint-Amand, dans son état actuel, se trouve naturellement en quelque sorte par-

_____

(1) Archives Communales de St-Amand : L. ; liasse **17 L 1** ; pièce **30**.

(2) Bujon des Brosses disait le 25 janvier 1791 : « Le Vieux-Château s'est toujours considéré comme faisant une partie distincte et séparée de la ville ; il avait sa collecte particulière ; cet ancien usage va cesser par la nouvelle division de la ville ». [Archives Communales de St-Amand : D ; registre **4 D 1** ; fᵒˢ **35** vᵒˢ-37].

tagé en deux quartiers distincts. L'un de ces quartiers se compose de ce qui formait autrefois l'ancienne ville, le quartier de la paroisse, le Vieux-Château, les Trois Sabots (1). L'autre se compose principalement des rues de l'Image, La Fayette et Fradet, de la Porte-Mutin et de la Chaume. Autant le premier de ces quartiers, à l'exception toutefois d'une rue privilégiée, celle de la Porte-Mutin, manque d'éléments de prospérité ; autant ces avantages semblent s'être réunis comme à l'envi sur l'autre. A certaine époque de l'année c'est le concours d'étrangers qu'attirent les foires d'Orval, ce sont les spectacles forains ; dans toutes les saisons c'est le voisinage des principales auberges et des cafés de la ville, le passage des voitures, des diligences..... » (2) etc.....

Néanmoins et malgré ce plaidoyer, il faut reconnaître que les foires d'Orval avaient déjà perdu alors une grande partie de leur ancienne splendeur (3). Les contemporains s'en affligeaient : « Chaque année les voit successivement diminuer d'importance », écrivait en 1830 M. Rousselet (4). Cependant, ajoutait le chroniqueur saint-amandois, « en 1812 elles étaient bien loin du point de décadence où nous les voyons aujourd'hui : le mar-

---

(1) « Il contient à lui seul les deux tiers au moins de la population industrielle et commerçante de cette ville ».

(2) Archives Communales de St-Amand : F ; liasse 7 F 2 ; pièce 57.

(3) Pourtant leur réputation était telle que M. Colombey, directeur d'un cirque olympique à Chartres, réclamait un emplacement en 1837 pour toute la durée des foires. En 1839, c'était M. Treuten, directeur du Cirque Français de Bâle. Et MM. Colombier-Avrillon revenaient jusqu'en 1853 : [Archives Communales de Saint-Amand : I ; liasse 2 I 4 ; pp. 95, 96, 100 et 102].

(4) Pierre Vermond : *Chroniques populaires du Berry* ; pp. 121-122.

ché du lundi surtout, marché presqu'exclusive-
ment consacré aux productions du pays, et qui est
encore fort avantageusement cité par les cultivateurs
du département, rappelait les temps plus heureux
de leur ancienne splendeur, par le grand nombre
d'étrangers qui s'y rendaient de toute part. Les
habitants, que la politique n'avait pas encore divi-
sés, s'entendaient d'ordinaire pour les arrêter chez
eux. Ce n'était tous les jours que festins et pro-
menades ; tous les soirs que bals et spectacles ;
aussi l'amour du plaisir ne manquait-il jamais de
retenir ceux qu'avait amenés l'amour des affaires,
et les sept ou huit mille âmes qui composent la population de la ville se trouvaient-elles au moins tri-
plées pendant une semaine ».

**

Bref, de tout ce qui précède il semble résulter
que, depuis un siècle, les autorités locales, avec
l'appui de l'opinion publique, se sont toutes ingé-
niées à conserver à notre cité saint-amandoise sa re-
nommée d'élégance et de coquetterie ; en même
temps qu'à assurer la sécurité de ses rues. Officiers
municipaux et commissaire de police sont toujours
d'accord sur ce point.

Vu l'affluence des étrangers dans notre ville à
cette époque de l'année malgré le déclin déjà exis-
tant de nos fêtes, le maire de Saint-Amand prend,
le 20 octobre 1841, un arrêté concernant la police
des marchés (1) et permettant, durant les foires
d'Orval et pour le marché précédant lesdites foires,

---

(1) Contrairement aux arrêtés antérieurs des 29 janvier
1831 et 14 avril 1837.

aux aubergistes, traiteurs et cabaretiers (1) de pénétrer sur la place du marché et de faire leurs provisions avant dix heures, contrairement aux dispositions municipales antérieures qui disposaient qu'avant cette heure l'accès du marché était réservé aux seuls particuliers (2).

Puis le 29 septembre 1855, c'est le commissaire de police qui expose au maire que, lors des foires d'Orval, « le marché qui se tient dans la rue Benjamin-Constant doit présenter bien des dangers ». Il propose le transfert du marché aux chevaux sur la place Desjobert (3), parce que si la place Napoléon (4) est pleine, on se servira d'une partie de la place publique (5) pour les saltimbanques».

Et il en venait des saltimbanques !..,

En cette même année 1855, pour s'installer sur cette même place Napoléon, « les directeurs de grands et petits spectacles » durent verser à chacune des caisses du receveur de l'Hospice et du Bureau de Charité, des sommes diverses dont le total monta respectivement pour chacun de ces établissements charitables, au chiffre de 129 fr. 25 (6). Il y avait

---

(1) A cette époque (1852) il y avait à Saint-Amand 4 maîtres d'hôtel, 12 aubergistes, 10 logeurs, 1 traiteur (Louis Lemerle), 12 cafetiers et 27 cabaretiers. [Archives Communales de Saint-Amand : I ; liasse 2 I 3, pièce 26].

(2) Archives Communales de Saint-Amand : 1 ; liasse 2 I 4, pièce 46.

(3) En 1832, certains Saint-Amandois faisaient une pétition pour que le marché des châtaignes, chanvres, cercles et légumes secs fut transféré « en la partie de la place Desjobert faisant face à la caserne de gendarmerie ». [Archives Communales de Saint-Amand ; F ; liasse 7 F 2 ; pièce 58].

(4) Aujourd'hui place Carrée.

(5) Place actuelle du marché. [Voir Archives Communales de Saint-Amand ; F ; liasse 7 F 2 ; pièce 63]. Les Saint-Amandois de 1865 appelaient la rue des Carmes le passage de la halle.

(6) Archives Communales de Saint-Amand : L ; liasse 17 L 1, pièce 53.

d'abord Marcel, le directeur de la tournée dramatique ; puis ensuite Neyrotti, propriétaire d'un palais
d'optique ; Lobihan et son théâtre mécanique ;
François Bonnet, phénomène ; François Bernard,
acrobate ; Victor Lepage, optique,... Et nos grands-
pères de s'ébaudir, depuis le mercredi des dindes,
— [quatre jours avant la foire proprement dite,] —
jusqu'au dimanche des domestiques ; » en passant
par le premier dimanche d'ouverture, le lundi de la
foire, le mardi des chevaux et surtout — jour se-
lect : — le jeudi des Dames !...

Pas une maison qui ne fut en fête : pas un four-
neau éteint ; pas une cave qu'on n'eut déverrouil-
lée !... Ainsi le voulait la tradition. Et les marchands
de victuailles y trouvaient leur compte. Certains
même voulaient trop gagner.

Les boulangers saint-amandois, en particulier,
avaient, en l'année 1792, fait preuve d'une certaine
rapacité. Le 18 octobre, cinq d'entre eux, les citoyens Edmond Léveillat, Nicolas Aujouannet, Mer-
lin, Léon Bouchère et la veuve Bobin s'étaient pré-
sentés au bureau de la municipalité pour déclarer
que « si l'on n'augmentait pas le pain, il n'en serait
pas fait par tous les boulangers pendant tout le cours
des foires d'Orval (1) ». Et Léveillat s'était emporté
jusqu'à arracher à un officier municipal le registre
des délibérations ; ce qui lui avait valu, ainsi qu'à
ses confrères, les poursuites du procureur de la
commune.

Mais, d'ordinaire, nos concitoyens étaient plus
pondérés et plus hospitaliers, En effet, durant les
foires d'Orval, chaque famille saint-amandoise tenait
table ouverte pour la parenté des environs et pour

---

(1) Archives Communales de Saint-Amand : 1 ; regist. 2 I 1 ;
ff⁰⁰ 21-22.

les amis d'alentour. Le mercredi, dit « des dindes »,
tire son nom des provisions que faisaient les ména-
gères. L'hospitalité du bon vieux temps était simple,
mais très large ; la gaieté en faisait les frais, et l'art
culinaire de nos grand's-mères réalisait des chefs
d'œuvre capables d'enchanter Comus lui-même.

Les invités quittaient la table pour visiter les baraques, et la satisfaction de leurs estomacs contri-
buait à la multiplicité de leurs acquisitions. Les
marchands le savaient bien ; aussi nos foires d'Orval jouissaient tout de même encore d'une telle ré
putation que les étrangers retenaient à l'avance leur
place sous la halle des Carmes.

Et les directeurs de tournées artistiques ou de
spectacles divers s'y prenaient de bonne heure, eux
aussi, pour s'assurer soit la disposition du théâtre,
soit un emplacement convenable sur la place Napoléon. En 1857, c'était P. Desplaces qui envoyait à
l'avance le répertoire de sa troupe dramatique ; en
1859 les frères Poisson, directeurs de la Grande
zoologie toulousaine, demandaient dès le 15 juillet
qu'une place comportant 35 mètres de façade leur fut
réservée (1)... Plus tard ce fut le tour des Odonne !

Une fois ces importantes concessions de terrain
accordées, nos édites avaient à désigner les emplacements réservés aux phénomènes, à la grosse
femme, à l'homme-canon, aux puces savantes, à la
femme à barbe, aux avaleurs d'étoupes enflammées,
au mouton à cinq pattes...

« Mais le grand cirque arrive enfin, que de voitures !...
Sous l'azur d'un beau ciel automnal, les toitures
Resplendissent au loin, route de Montluçon :
Chaque roulotte a l'air d'un gros colimaçon
Remorquant au soleil sa coquille argentée... ».

---

(1) Nos archives de famille.

C'était encore, malgré tout, le beau temps des foires d'Orval.

Pourtant il advint parfois que les affaires furent moins bonnes ; mais ceci arriva surtout lorsque, par suite d'événements politiques, les transactions commerciales se resserrèrent partout.

Ainsi, le 23 octobre 1851, les forains de la halle des Carmes sollicitent que leurs redevances à la ville soient diminuées, car cette année — prétendent-ils, — durant les foires d'Orval, « loin de réaliser un bénéfice nous serons à peine indemnisés par les ventes faites, des dépenses de déplacement et de transport » (1).

Mais en revanche, en 1861, les sommes perçues par le receveur de la ville pour les comédiens, saltimbanques, loteries, bazars, etc... durant la même période de fêtes, s'élèvent à 413 fr. 50. En 1865 et 1866, le produit des places dans l'église et sur le perron des Carmes monte à 930 fr. 45. En 1874, c'est 969 fr. 56... (2).

Et cette source de revenus communaux parut assez importante pour que l'administration supérieure tînt à en contrôler soigneusement les produits. Aussi en 1872, par suite de l'incendie des Archives de la Cour des Comptes, la préfecture demandait au receveur municipal de St-Amand de rapporter le tarif des droits de places dans la halle des Carmes : Grand émoi dans le Tout-Saint-Amand administratif : Qu'était devenu le tarif depuis la décision du 5 floréal an V et l'arrêté municipal du 25 vendémiaire an X ?... Questions oiseuses ; recherches

---

(1) Archives Communales de Saint-Amand : L ; liasse 17 L 1; pièce 49.

(2) Archives Communales de St-Amand : L ; liasse 17 L 1 ; pièces 55, 60 et 62.

vaines !... MM. Henri Mallard et Emile Pivoteau n'avaient point encore passé cinq années à classer les archives municipales... Nos édiles étaient fort empêchés et le maire; faute de documents écrits à produire, se borna à exposer à la Cour des Comptes que, « de temps immémorial, le prix payé par les marchands dans la halle des Carmes pendant les foires d'Orval, avait été de 5 fr. 25 par mètre courant pour les places de l'intérieur, et de 0 fr. 30 pour les places de l'extérieur » (1).

Par la suite vint la période du réel déclin de nos fêtes et, en 1895, le droit de place pour les baraques, manèges et loteries installés sur la Place Carrée pendant les foires d'Orval, rapportait seulement 337 fr. 50 à la ville de St-Amand (2).

------

(1) Archives Communales de St-Amand : L ; liasse 17 L 1 ; pièce 67.

(2) Archives Communales de St-Amand : L ; liasse 17 L 1 ; pièce 72.

IX

ÉTUDIANT le Second Empire, le chroniqueur documenté et averti qu'est Pierre de Lano (1) a écrit en parlant de cette époque : « Le monde où l'on s'ennuie, pour employer l'expression si heureuse de Mr Pailleron, n'était pas inventé..... » La phrase est vraie pour Paris, pour la province et, particulièrement, pour Saint-Amand où les divisions de castes, de partis, de fortunes et surtout de vanités n'existaient point comme en 1924, et où toute la population s'amusait et se divertissait franchement, bruyamment et... consciencieusement durant la semaine des foires d'Orval. Aujourd'hui pareille chose pourrait-elle exister sans que la critique de la toilette de Mademoiselle X... ou la satire du dîner de Madame Z... n'intervint, pour gâter le plaisir ou empoisonner la reconnaissance... de l'estomac.

> « Je vous le dis : Au vieux temps
> Tout était mieux qu'à présent !... »

A ce point de vue spécial, c'est certain. Du reste, au vieux temps, qui n'est vieux encore que d'un demi-siècle environ, les étrangers venaient assister à

---

(1) *L'Amour à Paris sous le Second Empire*, page 14.

toutes les fêtes de « la semaine des foires » en plus grand nombre qu'aujourd'hui.

En 1862 le maire, M. Adolphe Dubreuil, avait demandé à la Cie d'Orléans d'organiser les 23, 24 et 25 octobre des trains de plaisir à prix réduit, à destination de Saint Amand. Mais, par une lettre en date du 18 octobre, il fut répondu à cette requête que la Cie avait décidé de n'accorder des « billets à prix réduit que dans des circonstances extraordinaires, telles par exemple que les concours agricoles » ; mais que « les foires d'Orval, d'un intérêt purement local », ne devaient pas provoquer un déplacement si considérable de voyageurs qu'un concours agricole.

C'était une erreur.

En tous cas, nos grands-pères ne voulurent pas rester sur cet échec et, en 1865, le Conseil Municipal demandait le concours de la musique du 12e Dragons, en garnison à Moulins..... (1).

Elles furent superbes les foires d'Orval de 1865 !... Et productives également. Les Saint-Amandois, dans une pétition datée du 30 juillet 1866, le constataient : « L'année dernière, disaient-ils, vous avez bien voulu décider que le marché au chanvre des foires d'Orval se tiendrait sous la halle, et vous avez vu le plus beau marché qui ait jamais eu lieu à Saint-Amand et dans les villes avoisinantes » (2).

Mais aussi quel alléchant programme (3) de réjouissances !

---

(1) Archives Communales de St-Amand : L ; liasse 17 L 1 ; pièces 57 et 59.

(2) Archives Communales de St-Amand : F ; liasse 7 F 2 ; pièce 64.

(3) Archives Communales de St Amand : L ; liasse 17 L 1 ; pièce 61.

L'affiche des fêtes des mardi, mercredi et jeudi 24, 25 et 26 octobre 1865 existe encore dans nos archives communales. La voici :

Première Journée

Màts vénitiens sur l'emplacement des fêtes. — A 1 heure du soir, mât horizontal ; mât de cocagne ; Dîner des Gastronomes. — A 3 heures, Course aux ânes. — A 4 heures, Distribution des prix ; — A 7 heures, Retraite aux flambeaux.

Deuxième Journée ; — Mercredi

Grand feu d'artifice de Ruggieri. — Ascension de ballons ; — Illuminations en verres et ballons de couleur.

Troisième Journée ; — Jeudi

Concert à trois heures par l'excellente musique du... (1) — Ascension de ballons grotesques ; — Scènes aériennes fantastiques ; — Bal dans les Salons de l'Hôtel-de-Ville.

Pendant toute la durée des foires d'Orval

Exposition de fleurs dans la cour de l'Hôtel de-Ville ; — Spectacle par la troupe Desplaces ; — Cirques ; — Grand Musée Historique sous la direction de M. Lécuiller.

Le maire : Loyer.

---

(1) La ligne est restée en blanc. C'était vraisemblablement la musique du 12ᵉ Dragons.

X

DE toutes ces réjouissances, le bal était — au temps passé, - celle qui, avec le théâtre, semblait la plus goûtée.

Albert Thévenin, ouvrier-serrurier et chansonnier saint-amandois, les a chantés dans ses *Souvenirs de Jeunesse*, les bals populaires d'autrefois :

« ..... Ce que tu ne pourras, de ta vie, oublier,
Ce sont les jours de bal, au café, chez Bourdier (1),
Où dans le tourbillon de très-joyeux quadrilles
Sous les yeux des mamans, on embrassait les filles... » (2)

Et si, un moment, on a paru oublier et dédaigner la danse, il apparaît bien qu'aujourd'hui on tend, dans notre aimable pays saint-amandois, à réorganiser à nouveau pour chaque fête une sauterie sans prétentions.

L'un des plus beaux bals des foires d'Orval fut celui de 1869.

On eut dit que nos compatriotes pressentaient les

---

(1) C'est Bourdier fils qui, après la construction du théâtre actuel, demandait le 31 janvier 1852, l'autorisation de construire dans les deux jardins attenant à la salle de spectacle une rotonde servant de prolongement à la salle du café ; et un tir au pistolet qui serait tenu par M. Parisse. [Archives Communales de St-Amand : I ; liasse 2 I 3, pièce 29].

(2) Albert Thévenin : *Chansons et Poésies* ; page 81.

deuils cruels qui allaient ensanglanter la Patrie quelques mois après. Et, pourtant, rien alors ne faisait prévoir à la foule les désastres de l'Année Terrible et de la guerre néfaste de 1870 : Tout était à la paix, au plaisir, à la gaîté...

Des commissaires avaient été nommés le 28 octobre 1869, aux fins du bal projeté. C'étaient MM. le baron de Nervo, sous-préfet, président ; Gangneron, maire ; F. Bidault et A. Bonnichon, adjoints ; Fontès, ingénieur ; Albert Lemoine, Théogène Regnault et Maurice de Laguérenne. Les membres du « Cercle Littéraire » (1) de St-Amand avaient mis leurs salles à la disposition des commissaires du bal des foires d'Orval (2). La réussite fut complète et le plaisir général.

____

(1) Le Cercle Littéraire, dénommé aussi dans quelques anciens documents Cabinet Littéraire existait en notre ville dès le dernier quart du xviii⁰ siècle. Il fut supprimé momentanément en l'an II par ordre des délégués du représentant du peuple, Laplanche. Dans un document du 7 janvier 1792, le maire disait : « La Société Littéraire a fait à votre secrétariat le dépôt de ses règlements, le 10 octobre dernier, par la voix du sieur du Suchet se disant fondé de pouvoir à cet effet ; et cet arrêté porte les noms de quarantes signandaires... ». Outre Pierre-André Geoffrenet du Suchet, secrétaire, le cabinet Littéraire comptait comme commissaires MM. Robin, Bonnet et Depardieu ; les membres se réunissaient les mardis et vendredis dans une maison située rue de la Prison [d'alors], en face d'icelle, appartenant au sieur Antoine Depuichault : c'était donc, à l'époque, un cercle politique. Par la suite le Cercle Littéraire — qui avait son siège avant 1829, rue Fradet, chez la Vve Maisonneuve — s'établit chez le sieur Dupuy, rue de la Promenade. Il prit alors momentanément le nom de Société Villepelet-Dupuy et fut reconstitué sous le titre de Société Littéraire, chez le sieur Laurent Barbot, place Moutin, le 5 mars 1845. [Archives Communales de St-Amand : D ; registre 4 D 2 ff.⁰ 3-4 ; I ; registre 2 I 1, f⁰ 3 v⁰ ; registre 2 I 3 pièces 76 et 79 ; S ; registre 3 S 2, ff.⁰ 10, 14, 15, 24, 153, 154, 155 ; liasse 3 S 4 pièce 56 f⁰ 1 v⁰].

(2) Archives Communales de St-Amand : L ; liasse 17 L 1 pièces 63 et 64.

Une seule fois encore, après la guerre de 1870, un semblable succès ramena dans notre ville l'animation d'antan, et l'affluence d'étrangers qui se pressaient autrefois dans nos rues à l'époque des foires d'Orval : Ce fut en 1884.

Organisée par les soins des commerçants saint-amandois une magnifique cavalcade avait reconstitué en l'adaptant aux besoins de la cause, une des plus belles pages de nos souvenirs locaux. Nos compatriotes de 1884 avaient figuré l'entrée solennelle du Grand Condé dans sa bonne ville de Saint-Amand. Les documents authentiques faisant défaut, les organisateurs du cortège avaient supposé le retour de Rocroy. Ce fut magnifique.

Le pseudo prince de Condé nous reprochera peut-être de trahir son incognito ; mais les gens de notre génération se souviennent du plaisir qu'ils ont pris à cette reconstitution du xviie siècle sous la Troisième République. Et nul ne contestera que M. Louis Mazerat était un galant seigneur du temps passé : c'est avec beaucoup de bonne grâce qu'il faisait caracoler son cheval ; c'est avec aménité qu'il balayait le sol des plumes blanches de son feutre, en réponse aux acclamations des habitants de la bonne ville de St-Amand ; c'est avec dignité et condescendance qu'il écoutait la harangue du bailli — [M. Charbonnier] — dont le splendide costume de velours noir, sobre mais riche, représentait à nos yeux enchantés l'orgueilleuse puissance des bourgeois de notre ville et la richesse altière des nombreuses corporations d'art et métier saint-amandoises, au bon vieux temps.

Oh ! la belle cavalcade !... Bailli et officiers, bourgeois et artisans, pages et seigneurs : quelle richesse de couleurs, quelle profusion de broderies ; quel scintillement d'or et d'argent ; quelle diversité de costumes !... Et les bannières de soie ou de velours ; les oriflammes et les pennons qui s'adornaient d'une large poche où les dames jetaient une généreuse offrande dont bénéficièrent les pauvres de la ville !..

Ce furent véritablement les dernières belles foires d'Orval !

Par suite de la facilité toujours plus grande des communications ; en raison des dissensions intestines qui empêchèrent les habitants de s'unir pour arrêter le déclin de ces fêtes locales, nos foires d'Orval périclitèrent. Les commerçants — mal avisés pour une fois — prétendirent que, vendant pour la plupart les mêmes articles qu'eux, les forains qui s'installaient dans l'église des Carmes concurrençaient trop avantageusement les indigènes, et... une année la halle des Carmes resta fermée.

Il est vrai que, depuis un certain temps, les étrangers y venaient moins nombreux installer leurs étalages ; mais néanmoins il y avait à St-Amand une habitude acquise, et le tour des boutiques des Carmes semblait indispensable aux acheteurs et aux curieux venus aux foires. C'était une tradition pour les parents qui revivaient quelques heures de leur jeunesse ; c'était une attraction pour les enfants qui accouraient acheter un jouet, un sucre de pomme ou un pain d'épice.

Aujourd'hui, seule, la grande nef de l'église demeure encore debout ; mais la petite chapelle latérale — dont la voûte était ornée de nombreux écussons (1) en bois sculpté, aux armes des anciennes familles de St-Amand ou des environs qui avaient

______

(1) Beaucoup de ces écussons sont encore en la possession de M Joseph Lemoine, de Morlac, ancien concierge de la mairie de St-Amand.

fait jadis des dons à la communauté, ou dont certains membres dormaient ici leur dernier sommeil ; — la petite chapelle a été détruite.

C'était pourtant là, très vraisemblablement, qu'au bon vieux temps s'érigeait l'autel « de l'Image de Notre-Dame (1) », vénéré dans tout le pays depuis qu'en « 1534, y advint — nous rapportent les vieux parchemins de nos archives (2) — miracle d'un homme sur qui tomba [sic] 50 chartées [sic] de pierres » et qui fut « délivré par le secours de N. D. de Recouvrance des Carmes ».

Cette chapelle latérale fut démolie en 1891 (3) par ordre d'une municipalité mal inspirée dans l'occurence ; et, sur son emplacement, on a élevé pour les bouchers de Saint-Amand, un marché-couvert qui n'a aucune prétention à l'esthétique. La réception de cette « halle aux bouchers » eut lieu le 17 décembre 1891 par l'architecte municipal, M. Leboute (4). Les fenêtres et le portail (5) d'autrefois qui ont échappé à la pioche des démolisseurs et qu'on a transportés sur le côté de l'église principale, montrent

---

(1) Voir Archives Communales de St-Amand : GG ; liasse 48 (acte du 13 juin 1769).

(2) Archives Communales de St-Amand : GG ; liasse 44 ; pièce 7, f° 2 recto.

(3) Le devis de démolition et de reconstruction s'élevait à 9295 fr. 77. — L'article 17 du cahier des charges stipulait : « Les matériaux non réemployés deviendront la propriété de l'entrepreneur sauf, toutefois, les pierres de taille formant l'ensemble des croisées donnant sur la rue Saint-Vitte ; la pierre de taille, bois et fer de la porte d'entrée ; en un seul mot tous les objets ayant un caractère d'antiquité qui pourraient se trouver dans les démolitions ou fouilles ». [Archives Communales de St-Amand : M ; liasse 10 M 1 ; dossier 3].

(4) En présence de MM. Fix, maire ; Glatz et Laureau, adjoints ; Ragon et Boileau, conseillers-municipaux [Archives Communales de St-Amand : M ; liasse 10 M 1 ; dossier 3].

(5) Ce portail a été replacé sur la partie de l'église des Carmes qui longe au nord la cour de la mairie.

par leur élégance architecturale la faute de goût qui fut commise par les édiles de 1891.

Les monuments anciens ne sont point tellement nombreux dans notre ville pour que l'intérêt bien compris de la population n'engage les conseillers municipaux, — quels qu'ils soient, — à restaurer et à conserver avec un soin jaloux ceux qui demeurent encore debout des souvenirs du vieux Saint-Amand. Beaucoup de cités, plus importantes et plus grandes que la nôtre, lui envieraient l'église des Carmes telle qu'elle subsiste encore aujourd'hui ; et bien des musées provinciaux sont abrités sous des toits qui n'ont point la valeur artistique de celui que nous ont légué les religieux du vieux couvent saint-amandois.

Avec la disparition des boutiques de la halle des Carmes s'accentua le déclin définitif des foires d'Orval. Les marchands forains supprimèrent Saint-Amand de leur itinéraire d'octobre ; actuellement, à part quelques confiseurs qui nous font encore apprécier soit les chocolats à la crème de Ducret ou les nougats aux fruits de Bichichou ; actuellement il n'en vient plus. Les baladins et les saltimbanques diminuèrent progressivement. Les grands cirques devinrent rares. Les théâtres ambulants disparurent avec leur pimpant répertoire d'opérettes (1). Et si les parquets offrent encore aux jeunes « *drollières* » l'attraction de la danse dont sont éprises toutes les vraies Saint-Amandoises, les grands bals de jadis ne se renouvellent point.

Sur la Place Carrée seule, s'installent aujourd'hui les baraques foraines : musées de cire, vues stéréos-

------

(1) Le dernier qui séjourna dans notre ville fut le théâtre Delaneau qui débuta le 7 avril 1912. [Archives Communales de St-Amand : I ; liasse 2 I 4, pièce 113].

copiques, ménageries, cinématographes et manèges de chevaux de bois qu'attire encore à Saint-Amand la vieille réputation de nos foires, jadis si renommées. Là seulement, la commune peut percevoir une redevance quelconque à titre de droits de place. Car, en mars 1896, la ville, à ce sujet, a perdu un procès qu'elle avait intenté contre un nommé Larduinat.

Ce dernier s'était installé sur le Cours Desjobert en 1895, et il refusait d'acquitter le montant des droits de place. Le tribunal décida que l'emplacement des foires d'Orval, pour les baladins, était la Place Carrée et non le Cours Desjobert. En conséquence les juges condamnèrent la commune de St-Amand à 200 francs de dommages-intérêts aux dépens et, en outre, à la restitution des arrhes (1).....

C'est donc sur l'emplacement du grand cimetière de 1773, devenu successivement la place du Centre, la Place Napoléon et enfin la Place Carrée que se concentraient jusqu'à ces dernières années toutes les distractions, toutes les attractions, tous les plaisirs des foires d'Orval. C'était maigre, comparativement à ce qui existait au temps passé.

Enfin, en 1922, une foire-exposition a été organisée à la Halle aux grains et à l'église des Carmes sous les auspices de la Municipalité. Cette exposition qui dura du 22 au 29 octobre eut un plein succès. On y voyait des objets fabriqués et des denrées récoltées dans les départements du Cher, de l'Allier, de la Creuse, de l'Indre et de la Nièvre. Beaucoup d'étrangers furent attirés dans notre ville par cette heureuse initiative qu'un Comité d'organisation dévoué va renouveler en cette année 1924.

---

(1) Archives Communales de St-Amand : L ; liasse 17 L 1 ; pièce 70.

La prospérité que tout pays victorieux et travailleur est — malgré toutes les difficultés, — en droit d'escompter après une crise aussi terrible que celle de 1914-1918, devrait vivifier à nouveau notre coquette cité saint-amandoise. Et nous retrouverions certainement encore les fêtes et les réjouissances des foires d'Orval de notre enfance, dont le souvenir nous apparaît toujours lumineux et charmant à l'évocation des beaux jours passés. Bien que celles d'aujourd'hui ne nous semblent encore que le pâle reflet des fêtes du bon vieux temps.

« ....   Quel curieux décor
Offre en ce moment-ci la place du théâtre !
Et que de souvenirs, le soir, au coin de l'âtre
Cela réveillera dans le vieux Saint-Amand... » (1)

(Octobre 1924).

(1) Edmond Porée : *Les Heures d'or.*

www.ingramcontent.com/pod-product-compliance
Lightning Source LLC
LaVergne TN
LVHW022317170726
843503LV00006B/2559